BEI GRIN MACHT SICH IHR WISSEN BEZAHLT

AF136016

- Wir veröffentlichen Ihre Hausarbeit,
  Bachelor- und Masterarbeit

- Ihr eigenes eBook und Buch -
  weltweit in allen wichtigen Shops

- Verdienen Sie an jedem Verkauf

Jetzt bei www.GRIN.com hochladen
und kostenlos publizieren

Bibliografische Information der Deutschen Nationalbibliothek:

Die Deutsche Bibliothek verzeichnet diese Publikation in der Deutschen National-bibliografie; detaillierte bibliografische Daten sind im Internet über http://dnb.d-nb.de/ abrufbar.

Impressum:

Copyright © 2019 GRIN Verlag
Druck und Bindung: Books on Demand GmbH, Norderstedt Germany
ISBN: 9783346077158

Dieses Buch bei GRIN:

https://www.grin.com/document/507877

Maren Derner

Trainingsplanung eines Krafttrainings für eine 25-jährige Frau

GRIN Verlag

GRIN - Your knowledge has value

Der GRIN Verlag publiziert seit 1998 wissenschaftliche Arbeiten von Studenten, Hochschullehrern und anderen Akademikern als eBook und gedrucktes Buch. Die Verlagswebsite www.grin.com ist die ideale Plattform zur Veröffentlichung von Hausarbeiten, Abschlussarbeiten, wissenschaftlichen Aufsätzen, Dissertationen und Fachbüchern.

Besuchen Sie uns im Internet:

http://www.grin.com/

http://www.facebook.com/grincom

http://www.twitter.com/grin_com

Deutsche Hochschule für
Prävention und Gesundheitsmanagement
Hermann Neuberger Sportschule 3
66123 Saarbrücken

Einsendeaufgabe

Fachmodul:	Trainingslehre
Studiengang:	Gesundheitsmanagement (B.A.)
Datum Präsenzphase:	17.06.19 – 20.06.19
Name, Vorname:	Derner, Maren
Studienort:	**Berlin**
Semester:	**Wintersemester 18/19**

Inhaltsverzeichnis

1 Diagnose

Für eine optimale Trainingssteuerung im Krafttraining ist eine genaue Anamnese erforderlich, um einen bestimmten Soll- Zustand anstreben zu können. Durch ein kurzes Eingangsgespräch mit dem Patienten erschließen sich wichtige trainingsrelevante Informationen, so wird der aktuelle Ist- Zustand ermittelt.

1.1 Allgemeine und biometrische Daten

Nachfolgend sind die allgemeinen und biometrischen Daten aus dem Eingangsgespräch tabellarisch dargestellt.

Tab.1: Allgemeine und biometrische Daten

Daten zur Person	Datenwerte
Alter	25 Jahre
Geschlecht	weiblich
Körpergröße	167 cm
Körpergewicht	70kg
BMI	25,1
Trainingsmotive	- Rückenschmerzen reduzieren - Gewichtsreduktion bis zum Urlaub Herbst 2019 - Allgemeine Fitness steigern - Ausgleich zu sitzenden Tätigkeiten - Sportmotorische Fähigkeiten wie Kraft, Ausdauer und Schnelligkeit verbessern
Berufliche Tätigkeit	- Studentin - Nebenjob als Kassiererin
Aktuelle sportliche Aktivität	- Leistungsstufe: Beginner - Trainingsumfang: Unregelmäßig ca. fünf Trainingseinheiten in vier Wochen
Frühere sportliche Aktivität	- Leistungsstufe: Leistungstrainierender - Trainingsumfang: Bis zum 15. Lebensjahr viermal wöchentlich Leichtathletik Siebenkampf
Zeitliche Verfügungsrahmen	Zweimal pro Woche
Ruhe Puls	60 Schläge pro Minute
Blutdruck	129/84 mmHg
Orthopädische Probleme	Ohne Befund
Internistische Probleme	Schilddrüsenunterfunktion
Einnahme von Medikamenten	Schilddrüsentabletten
Gesundheitliche Einschränkungen	- Schmerzen in der Lendenwirbelsäule und im Schulter-Nacken Bereich (Schmerzskala 6) - Regelmäßige Kopfschmerzen - Pollenallergie

1.2 Auswertung der Daten

Im Gespräch stellt sich heraus, dass die Patientin im Moment unregelmäßig Sport treibt. Sie ist seit Jahren im Fitnessstudio angemeldet, in dem sie hauptsächliche Kurse, wie Bauch-Beine-Po oder Zumba, besucht. Die Unregelmäßigkeit macht sie unzufrieden und sie würde gerne ihr Gewicht reduzieren, da sie innerhalb des letzten Jahres zehn kg zugenommen hat. Aufgrund ihres Studiums sitzt sie sehr viel am Schreibtisch, in der Uni oder in der Bibliothek. Der Nebenjob in einem Lebensmittelmarkt bietet ebenfalls wenig Bewegung, da sie dort vorwiegend an der Kasse arbeitet. So kommt es zur Entstehung der Schmerzen und Verspannungen im Lendenwirbelsäulen- und im Schulter-Nacken Bereich. Für die Trainingstauglichkeit oder Leistungsfähigkeit stellen diese Beschwerden keine große Einschränkung dar. Mit allgemeinem Krafttraining hat sie wenig Erfahrung, daher wird sie im Leistungsstufenmodell im Bereich Krafttraining als „Beginner" eingestuft (Strack & Eifler, 2005, S. 153).

Im Alter von 10-15 Jahren trainierte die Patientin viermal pro Woche in der Disziplin Siebenkampf in der Leichtathletik. Aufgrund nachlassender schulischer Leistung musste sie den Sport aufgeben. Trotzdem wurden in jungen Jahren wichtige motorische Fähigkeiten geschaffen und gefestigt. Ziel ist es, die sportmotorischen Fähigkeiten wie Kraft, Ausdauer und Schnelligkeit dem früheren Niveau anzunähern.

Die Blutdruckmessung erfolgte mit einem elektrischen Messgerät am linken Handgelenk. Das Ergebnis für den systolischen Wert in Ruhe betrug 129 mm Quecksilbersäule (Hg), der diastolische Wert lag bei 84 mmHg. Die Normwerte betragen für den systolischen Blutdruck 120 mmHg und für den diastolischen 80 mmHg. Der Blutdruck der Patientin liegt somit im normalen Bereich (Peters, 2014. S.38).

1.3 Krafttestung

An Hand einer Krafttestung kann das optimale Trainingsgewicht ermittelt und der aktuelle Leistungszustand einer Person analysiert werden. Die Leistungsentwicklung kann durch das Wiederholen des Tests zu einem späteren Zeitpunkt bestimmt werden. Über andere leistungsbestimmende sportmotorische Eigenschaften wie z. B. Ausdauer, Schnelligkeit oder Koordination geben die Tests keine Erkenntnis. Beim Krafttest werden Testübungen eingesetzt, die im zukünftigen Trainingsplan eingebaut werden (Martin, 1982). Es gibt verschiedene Arten von Krafttestungen wie z. B. den Maximalkrafttest (1-RM-

Test), den Mehrwiederholungskrafttest (X-RM-Test) und die Intensitätsbestimmung über das subjektive Belastungsempfinden (Eifler, 2018, S.123).

1.3.1 Begründung

Der 1-RM-Test ist für Trainingsanfänger kein geeigneter Test, da die maximal erreichbare dynamisch-konzentrische Kraft für eine Wiederholung gemessen wird (Kraemer & Fry, 1995). Auf den Körper wirken dabei sehr hohe Belastungen, wodurch ein hohes Verletzungsrisiko entsteht. Bei der Intensitätsbestimmung über das subjektive Empfinden mit der Darstellung z. B. über die Borg Skala (Borg, 2004, A.1016) besteht die Gefahr, dass der Patient seine Kraft falsch einschätzt und es zur Über- oder Unterforderung kommt. Der X-RM Test ist zur Bestimmung der Kraftleistung bei der ausgewählten Patientin die beste Wahl. Bei diesem wird das maximal konzentrisch bewältig bare Trainingsgewicht anhand einer vorheriger definierten Wiederholungszahl ermittelt. Ein problemloser Einstieg in den Bewegungsablauf wird ermöglicht, da die Konzentration auf die Bewegungsausführung fokussiert ist und nicht auf eine Übung, die eine hohe Kraftaufwendung benötigt, wie es bei einem 1-RM-Test zutrifft (Eifler, 2018, S. 148).

1.3.2 Testablauf

Der Krafttest wird an einem Montagabend durchgeführt, da die Patientin angibt, dass sie in Zukunft immer abends nach der Arbeit Zeit für ein Training hat. So werden beim Test annähernd ähnliche Bedingungen geschaffen wie im zukünftigen Training. Die Eingewöhnungsphase wurde bereits durchgeführt.

Der Testablauf beginnt mit einem kurzen allgemeinen Aufwärmen von zehn Minuten um Verletzungen vorzubeugen. Die Patientin entscheidet sich für den Crosstrainer. Die Belastung liegt konstant bei 76 Watt über die zehn Minuten. Im Anschluss folgt das spezielle Aufwärmen, welches an die bevorstehenden Übungen angepasst ist. So wird der Bewegungsablauf vorbereitet und die Muskulatur erwärmt und aktiviert.

Ziel ist es nun das maximal konzentrische Trainingsgewicht bei zehn Wiederholungen zu ermitteln. Die Übungen werden in einer TUT (Time under Tension) von 2-0-2 durchgeführt, also zwei Sekunden exzentrische Muskelarbeit, keine Sekunde statisch haltend und zwei Sekunden konzentrische Muskelarbeit. Es gibt drei Testsätze bis das Ergebnis festgelegt wird. Zwischen den Sätzen beträgt die Pausendauer drei Minuten. Wenn der erste Satz mit zehn Wiederholungen absolviert ist, kann im nächsten Satz das Gewicht nach subjektivem Empfinden um 5%, 10% oder 25% gesteigert werden. Das Testgewicht ist erreicht, wenn die Übung zehn Mal konzentrisch optimal durchgeführt werden konnte

(Eifler, 2016, S. 124). Die ausgewählten Übungen, um den 10-RM zu bestimmen wurden wie folgt durchgeführt:

1. Hüftextension mit Langhantel an der Multipresse

   Die Übung findet im angelehnten Sitz an einer Hochbank an der Multipresse statt. Die Langhantel befindet sich auf der Höhe der beiden spina iliaca anterior superior. Die Gewichte pro Seite betragen im ersten Testsatz 2,5 kg, im zweiten 5kg. Im dritten Durchgang schafft die Patientin nur vier Wiederholungen mit 7,5 kg pro Seite. So ist das Ergebnis 5 kg pro Seite.

2. Übung Rückenstrecker

   Diese Übungseinheit wird auf einer Hyperextensionsbank mit Gewichtsscheiben, welche die Patientin nah anliegend am Körper vor der Brust hält, durchgeführt. Die Gewichte betragen im ersten Testsatz 5 kg, im zweiten 10 kg. Den dritten Testsatz mit 15 kg bewältigt die Patientin nur mit sechs Wiederholungen. Somit ist das Resultat 10 kg

3. Beinpresse horizontal sitzend

   Die ausgewählte Patientin erreicht im ersten Testsatz 50 kg, im zweiten 60 kg und im dritten 70 kg Gewicht.

4. Beinbeugemaschine

   Sie bewältigt im ersten Testsatz 15 kg, im zweiten 20 kg und im dritten 25 kg.

5. Latzug vertikal zum Nacken

   Die Gewichte betragen im ersten Testsatz 15 kg, im zweiten 20 kg und im dritten 25 kg.

6. Brustpresse sitzend

   Hier bewältigt sie im ersten Testsatz 5 kg, im zweiten 10 kg und im dritten 15 kg.

1.3.3 Darstellung der Testergebnisse

Nachfolgend sind die Testergebnisse in Tabellenform dargestellt.

Tab.2: Mehrwiederholungskrafttest (10-RM-Test)

Testübung	WH	1.Testsatz	2.Testsatz	3.Testsatz	Ergebnis
Hüftextension an Multipresse	10	5 kg	10 kg	10 kg	10 kg
Rückenstrecker Gewichts-scheibe	10	5 kg	10 kg	10 kg	10 kg
Beinpresse horizontal sitzend	10	50 kg	60 kg	70 kg	70 kg
Beinbeugen an der Maschine	10	15 kg	20 kg	25 kg	25 kg
Latzug vertikal zum Nacken	10	15 kg	20 kg	25 kg	25 kg
Brustpresse horizontal sit-zend	10	5 kg	10 kg	15 kg	15 kg

1.3.4 Schlussfolgerung und Konsequenzen

Das Ergebnis des Krafttests gibt Aufschluss darüber, welches maximal konzentrische Trainingsgewicht bei zehn Wiederholungen für die Patientin möglich ist. Mit den ermittelten Gewichten kann in der weiteren Trainingssteuerung gearbeitet und die Patientin in eine Leistungsstufe eingeteilt werden. Die Testergebnisse bilden die Grundlage für die Berechnung der Trainingsgewichte im Mesozyklus und können als Referenzgröße für spätere Vergleiche genutzt werden. Dies dient als Motivation, sich zu verbessern und um die Ziele schneller zu erreichen. An Hand eines individuellen optimierten Trainingsplans kann die Leistungsentwicklung optimal dokumentiert werden.

2 Zielsetzung/Prognose

Die Ziele aus dem Eingangsgespräch werden nachfolgend tabellarisch dargestellt. Die drei wichtigsten Ziele der ausgewählten Patientin sind es die Rückenschmerzen zu lindern durch Muskelaufbau, die Reduzierung des Körperfettanteils und die allgemeine Kraftsteigerung.

Tab.3: Ziele der Patientin

Ziel	Inhalt	Ausmaß	Zeit
1	Rückenschmerzen lindern durch Muskelaufbau	Schmerzskala von 6 auf 2 senken, 6 kg Muskelmasse zunehmen	12 Monate
2	Senkung Körperfettanteil	5 kg	12 Wochen
3	Kraftsteigerung	20%	6 Wochen

2.1 Begründung

Der Muskelaufbau hat für die Patientin hohe Priorität, da sie die Rückenschmerzen verringern möchte. Ihr Ziel ist es innerhalb eines Jahres sechs kg Muskelmasse aufzubauen. Sie möchte den Wert auf der Schmerzskala von sechs auf zwei reduzieren.

Aufgrund der Gewichtszunahme um zehn kg ist ein weiteres Ziel, die Körperfettreduktion um fünf kg in 12 Wochen. Der Fettabbau soll durch eine negative Energiebilanz aufgrund von erhöhten Alltagsaktivitäten und regelmäßige Trainingseinheiten zustande kommen. Während des Makrozyklus wird die Patientin mit Hilfe eines Ernährungsplans die tägliche Kalorienaufnahme so reduzieren, dass diese unter dem spezifischen Grundumsatz liegt. Eine Körperfettreduktion von 250-500g pro Woche wird als realistisch eingeschätzt, somit wird das Ziel fünf kg in Wochen (Eifler, 2018, S.45).

Ein weiteres Ziel ist Kraftsteigerung. Da die Patientin sich im Krafttraining in der Stufe Beginner befindet, ist eine Kraftsteigerung um 20% möglich. Grade in den ersten Trainingseinheiten kommt es in dieser Stufe zu großen Kraftsteigerungen. Diese sind nicht auf morphologische Adaptation zurückzuführen, sondern kommen durch eine Verbesserung der Intermuskulären Koordination zustande (Eifler, 2018, S. 89).

3 Trainingsplanung Makrozyklus

Ein Makrozyklus besteht aus mehreren Mesozyklen. Die Hauptwirkungsrichtung kehrt im Trainingsprozess immer wieder, mit dem Ziel, der Herausbildung einer bestimmten sportlichen Leistung (Schnabel, G., Harre, D. & Barde, A., 1997, S. 323). Allgemein beträgt die Dauer der Zielerreichung mehrere Monate bis zu einem Jahr. Im Fitness- und Gesundheitssport hingegen verkürzt sich die Zeit eines Makrozyklus auf sechs Monate (Eifler, 2018, S.35).

3.1 Makrozyklusdarstellung

Nachfolgend wird ein Makrozyklus für die ausgewählte Patientin dargestellt. Er besteht aus vier Mesozyklen von jeweils sechs Wochen.

Tab.4: Trainingsplanung Makrozyklus ILB Methode

	Mesozyklus 1	Mesozyklus 2	Mesozyklus 3	Mesozyklus 4
Mesozyklus-dauer	6 Wochen	6 Wochen	6 Wochen	6 Wochen
Trainingsme-thodik	Kraftausdauer-training	Übergangstrai-ning	Muskelaufbau-training (extensiv)	Muskelaufbau-training (intensiv)
Einheiten/Woche	2	2	2	2
Übungen/Muskelgruppe	1-2	1-2	1-2	1-2
Organisations-form	GK/ Cicuit	GK/ Station	GK/ Station	GK/ Station
Sätze/Übung	1-2	1-2	1-2	1-2
Intensität	50-70% ILB	50-70% ILB	50-70% ILB	50-70% ILB
Satzpausen	60 Sek.	60 Sek.	60 Sek.	90 Sek.
Bewegungs-tempo	2-0-2	2-0-2	2-0-2	2-0-2

	Mesozyklus 1	Mesozyklus 2	Mesozyklus 3	Mesozyklus 4
Wiederholun-gen	20	15	10	5

3.2 Begründung Trainingsmethode

Die gewählte Trainingsmethode ist die ILB-Methode in Form eines deduktiven Ansatzes. Der durchgeführte 10-RM-Test bildet die Basis zur Ermittlung der Trainingsintensitäten für die nachfolgenden Trainingseinheiten. So sollen vor allem Verletzungen und Überlastungen vermieden werden (Eifler, 2013, S.72). Deshalb ist die ILB Methode für Anfänger gut geeignet, da vorab das maximale Trainingsgewicht für die jeweilige Wiederholungszahl bestimmt wird. Nach dem Prinzip der progressiven Belastungssteigerung zielt die ILB Methode vorwiegend auf das Trainingsalter der Person ab und bestimmt somit die Belastungsparameter. Das daraus resultierende Grobraster ist nachfolgend dargestellt. Es zielt auf die progressive Anpassung aller Belastungs- und Trainingsparameter mit zunehmender Leistungsstufe ab (Eifler, 2013, S.73). Aufgrund der Trainingsmotive und Ziele liegt der Schwerpunkt des Makrozyklus auf einem Muskelaufbautraining. Das Kraftausdauertraining dient dazu, die Person auf die steigende Intensität des Trainings vorzubereiten um so die Verletzungsgefahr von Sehnen, Bändern und Knorpeln zu vermeiden. Ferner führt dies zur Verbesserung des anaerob-allaktaziden Energiestoffwechsels (Peters, 2014, S. 170), sowie zu einer vermehrten Kapillarisierung, wodurch sich die Stoffwechselaktivität erhöht, die Körperfettreduktion angeregt und die Grundlage für ein Muskelaufbau- und Maximalkrafttraining geschaffen wird (Peters, 2014, S.164). Der Muskelaufbau extensiv und intensiv und die damit einhergehende Kraftsteigerung sind die Ziele des dritten und vierten Mesozyklus.

Abb.1: Grobraster zur Trainingsplanung nach der ILB Methode (modifiziert nach Strack & Eifler, 2005, S. 153)

Leistungs-stufe	Zeitstufe (Monate)	Orga. form	Häufigkeit/ Woche	Übungen/ Muskelgruppe	Sätze/ Übung	Intensität (%X-RM*)
Orientierungs-stufe	0-1,5	GK	2	1-2	1-2	gering
Beginner	1,5-6	GK	2	1-2	1-2	50-70
Geübte	6-12	GK	2-3	1-2	2	60-80
Fortgeschrit-tene	>12	GK/Split	3-4	1-3	2-3	70-90
Leistungs-trainierende	>36	GK/Split	3-6	1-4	2-4	80-100

GK = Ganzkörpertraining; Split = Splittraining
* Wiederholungszahl variiert je nach Trainingsziel

3.3 Begründung Belastungsparameter

Die Patientin gab im Eingangsgespräch an, dass sie zweimal pro Woche Zeit aufbringen kann, für ein regelmäßiges Training. Daraufhin wurde die Trainingshäufigkeit auf zwei Trainingseinheiten in der Woche festgelegt. Dem Körper sind nach dem Prinzip der optimalen Relation von Belastung und Erholung ausreichend Ruhephasen gewährleistet. Ein Krafttraining braucht im Vergleich zum Ausdauertraining eine längere Erholungsphase. Das liegt zum einen daran, dass die Proteinstruktur-Erholung länger dauert als die Glykogenspeicher-Erholung (Peters, 204, S.117). Die Intensität von 50-70% der ILB-Methode ist für die jeweilige Leistungsstufe vorgegeben. Nach dem Prinzip der progressiven Belastungssteigerung wird die Trainingsintensität wird innerhalb jedes Mesozyklus erhöht, um eine Leistungssteigerung zu erzielen. Die Wiederholungszahlen in den jeweiligen Sätzen richten sich immer nach den individuellen Trainingszielen. Zu Beginn sind hohe Wiederholungszahlen gewählt, damit der Trainierende sich das Bewegungsmuster einprägt. Durch wiederholen lernt unser Organismus (Ehrlenspiel, F. & Maurer, H., 2007, S.116)

3.4 Begründung Organisationsformen

Nach dem Prinzip der Variation ist es wichtig, dass ein Training nicht immer gleich gestaltet wird. Aspekte der variierenden und wechselnden Belastung sind von großer Bedeutung, weshalb es wichtig ist, nicht nur in einer Organisationform zu trainieren (Peters, 2014, S, 113). Ganzkörpertraining eignet sich für alle Leistungsstufen beim Krafttraining. Alle Hauptmuskelgruppen werden in der Trainingseinheit berücksichtigt und es wird nicht wie beim Split Training an unterschiedlichen Tagen unterschiedliche Muskelgruppen trainiert (Eifler, 2018, S. 241). Es kann in Form eines Circuittrainings umgesetzt werden, bei dem die Anzahl an Übungen vorher festgelegt werden. Jede Übung wird mit der entsprechenden Wiederholungszahl des Trainingssatzes durchlaufen. Sie sollten so aufgebaut sein, dass einzelne Muskelgruppen abwechselnd trainiert werden. Trainingsquantität und Qualität stehen dabei im optimalen Verhältnis (Eifler, 2018, S. 239). Die bekannteste Organisationsform für das Krafttraining ist das Stationstraining. Nacheinander werden alle Übungen mit der entsprechenden Wiederholungszahl und Satzanzahl ausgeführt. Danach erfolgt ein Wechsel zur nächsten Übung. Es kommt hierbei zu einer starken Muskelermüdung, aufgrund der aufeinander folgenden Sätze.

Die Reihenfolge der Übungsauswahl ist von entscheidender Bedeutung. Krafttrainingsübungen, die mehrgelenkige Muskeln belasten, sollten vor eingelenkigen stattfinden. Zudem sollten die Übungen, die größere Muskelmassen beanspruchen vor Übungen mit geringerer Muskelmasse stattfinden. Außerdem sollen koordinativ anspruchsvollere Übungen vor koordinativ weniger anspruchsvollen Übungen stattfinden, denn hierbei müssen mehr Muskelfasern aktiviert werden, was einen höheren Anreiz an das Nervensystem bedeutet (Eifler, 2018, S. 237).

3.5 Begründung der Periodisierung

Nach dem Prinzip der Periodisierung und Zyklisierung wird das Krafttraining bei der gewählten ILB Methode in Blockperiodisierung eingeteilt. Der Makrozyklusplan umfasst 32 Wochen und ist in vier Mesozyklen unterteilt. Bei der Blockperiodisierung werden vor jedem Mesozyklus die Trainingsgewichte neu berechnet, was zugleich als Motivation für den Trainierenden dient. In jedem Trainingszyklus bleibt die Belastungsintensität gemessen am X-RM gleich, im Beispiel 50–70%. Die Trainingsintensität wird in jedem Mesozyklus progressiv gesteigert, die Wiederholungszahlen nehmen hingegen regressiv ab. Dies gilt für alle Leistungsstufen von der Orientierungsstufe bis zum Leistungstrainierenden (Eifler, 2013, S.75).

4 Trainingsplanung Mesozyklus

Ein Mesozyklus besteht aus mehreren Mikrozyklen. Je nach Trainingsziel beträgt die allgemeine Dauer sechs bis zwölf Wochen. Um eine Trainingsmonotonie und die damit einhergehend Demotivation zu vermeiden, dauert ein Mesozyklus im Fitness- und Gesundheitssport sechs bis acht Wochen (Eifler, 2018, S. 34). Nachfolgend der erste Mesozyklus im Bereich Kraftausdauer für die ausgewählte Patientin dargestellt.

Tab.5: Beispiel Mesozyklusplanung Kraftausdauer

Leistungsstufe: Beginner	Trainingseinheiten/Woche: 2
Organisationsform: GK/Circuit	Spezifisches Trainingsziel: Kraftausdauer
Dauer: 6 Wochen	Satzpausen: 60 Sekunden
Übungen/Muskelgruppe: 1-2	Wiederholungen: 20
Sätze/Übung: 1-2	Bewegungstempo: 2-0-2

Tab.6: Übungsdarstellung Mesozyklus

Übung	WH	10-RM	Woche 1 50%ILB	Woche 2 50%ILB	Woche 3 55%ILB	Woche 4 60%ILB	Woche 5 65%ILB	Woche 6 70%ILB
Hüftextension	10	10 kg	5 kg	5 kg	5,5 kg	6 kg	6,5 kg	7 kg
Rückenstrecker	10	10 kg	5 kg	5 kg	5,5 kg	6 kg	6,5 kg	7 kg
Beinpresse	10	70 kg	35 kg	35 kg	38,5 kg	42 kg	45,5 kg	49 kg
Beinbeugemaschine	10	25 kg	12,5 kg	12,5 kg	13,75 kg	15 kg	16,25 kg	17,5 kg
Latzug	10	25 kg	12,5 kg	12,5 kg	13,75 kg	15 kg	16,25 kg	17,5 kg
Brustpresse	10	15 kg	7,5 kg	7,5 kg	8,25	9 kg	9,75 kg	10,5 kg

4.1 Begründung der Übungsauswahl

Bei der ersten Übung Hüftextension mit der Langhantel an der Multipresse werden die Bauchmuskeln M. rectus abdominis und M. transversus trainiert. Ohne eine gestärkte Bauchmuskulatur kippt das Becken nach vorne. Dies führt zur Verkürzung des M. iliopsoas und die M. glutaeus maximus Aktivität wird gehemmt. Die komplette Hüftstreckung bleit aus und die Lendenwirbelsäule begibt sich in eine vermehrte Lordose, wodurch Rückenschmerzen entstehen können. Diese Übung ist für die Patientin von großer Bedeutung, um die fehlende Rumpfstabilität zu verbessern. Die zweigelenkige Ischiocrucale Muskulatur wird ebenfalls gekräftigt. Die Übung kann später auch als Freihantelübung durchgeführt werden, bei der die koordinativen Ansprüche steigen (Eifler, 2018, S. 221).

Durch langes Sitzen und eine schwache Rückenmuskulatur begibt sich der Körper in eine kyphotische Haltung. Mit der Rückenstreckung an der Hyperextensionsmaschine wird dieser entgegengewirkt und der Mm. erector spinae gekräftigt (Ashwell, 2015, 144).

Bei der Beinpresse wird hauptsächlich der M. glutaeus maximus trainiert (Ashwell, 2015, S. 122). Vieles Sitzen im Alltag führt bei der ausgewählten Patientin zur Inaktivität des Muskels. Durch eine Stärkung des Muskels verbessert sich die gesamte Körperhaltung und die Schmerzen im Lendenwirbelsäulenbereich können gelindert und präventiv verhindert werden. Ebenfalls wird der M. quadriceps femoris, ein zweigelenkiger Muskel, gekräftigt, welcher der Hüft- und Kniegelenksstabilisation dient.

Die Beinbeugemaschine dient der Kräftigung der zweigelenkigen Ischiocruralen Musku-latur. Sie dienen als Antagonisten vom M. rectus femoris und verhindern durch ihr Trai-ning eine Dysbalance (Eifler, 2018, 177).

Es folgt der Latzug vertikal zum Nacken. Dabei werden der M. latissimus dorsi und der M. biceps brachii gekräftigt werden. Durch die sitzenden Tätigkeiten der ausgewählten Patientin, sind Rückenmuskeln zur muskulären Sicherung der Wirbelsäule von wichtiger Bedeutung und die Schmerzen im Schulter-Nacken werden gelindert. (Ashwell, 2015, S. 60).

Um die muskuläre Sicherung von Wirbelsäule und Oberkörper weiter aufzubauen, wird als nächstes der Antagonist vom M. latissimus dorsi, der M. pectoralis major durch die Brustpresse gekräftigt. Dieser ist ein wichtiger Muskel, der bei allen alltäglichen Bewe-gungen des Oberkörpers und der Arme benötigt wird. Die Brustpresse ist eine mehr ge-lenkige Übung.

5 Literaturrecherche

Nachfolgend ist ein Vergleich zweier Studien, mit welchem Effekt sich Krafttraining auf Osteoporose auswirkt, tabellarisch dargestellt.

Tab.7: Vergleich zweier Studien zum Thema Effekte des Krafttraining bei Osteoporose

	Studie 1	Studie 2
Autoren	M. Siegrist, C. Lammel, D. Jeschke	H. Franck, W. Hohmann
Titel	Krafttraining an konventionel-len bzw. oszillierenden Gerä-ten und Wirbelsäulengym-nastik in der Prävention der Osteoporose bei post-menopausalen Frauen	Verbesserung der Funktions-kapazität, der Schmerzhaf-tigkeit und der Leistungsfä-higkeit bei Patienten mit Oste-oporose durch spezielles Sportrehabilitationstraining.
Publikationsjahr	2006	2001
Forschungsfrage	- Welches sind die Trai-ningseffekte verschiede-ner Trainingsprogramme auf Knochen, Muskel-kraft, dynamische Leis-tungsfähigkeit, Befind-lichkeit. - Führt ein progressives Krafttraining über 12 Mo-nate mit oszillierenden	- Zeigen Patienten mit Os-teoporose durch ein spe-zielles Sportrehabilitati-onstraining (SpoRT) eine Verbesserung der Funkti-onskapazität, der Schmerzhaftigkeit und der Leistungsfähigkeit?

	Studie 1	Studie 2
	Geräten bei postmenopausalen Frauen mit Osteopenie zu vergleichbaren Veränderungen am primären Endpunkt Knochenmineralgehalt bzw. -dichte der Lendenwirbelsäule und des Oberschenkelhalses wie ein konventionelles apparatives Krafttraining?	
Versuchspersonen	- 69 osteopenische, postmenopausale Frauen - Alter 50 – 70 Jahre - BMI zwischen 18 und 30 kg/m² - Flächenbezogene Knochendichte mittels DXA in LWK 2-4 und OSH zwischen -1SD und -2,5SD	- 442 Patienten - 374 Frauen, 53,7 +/- 6,3 Jahre - 68 Männer, 52 +/- 6,2 Jahre - Mit Osteoporose entsprechen der WHO Definition - 152 Frauen, 49,2 +/- 9,2 Jahre - 127 Männer, 50 +/- 9,6 Jahre
Versuchsaufbau	- Dauer: 12 Monate Anamnese: - Internistische und orthopädische Überprüfung - 2x/Woche anleitende WS Gymnastik - 26 Frauen: 2x/Woche konventionelles Krafttraining (KT) - 23 Frauen: 2x/Woche Krafttraining mit vibrierenden Trainingsgeräten (VT) - 20 Frauen: Nur WS Gymnastik	- 4 Wochen Sport- und Rehatraining - Standardisierte Ergometrie (nach WHO- Stufentest) wurde genutzt um die Funktionskapazität und die ergonomisch wichtigen Kenndaten vor und nach einem 4-wöchigem SpoRT zu ermitteln - Patienten mit Osteoporose würden mit gleichaltrigen Patienten mit degenerativen Erkrankungen der Wirbelsäule verglichen - Standardisierte Fragebögen wurden genutzt, um die persönliche Einschätzung der körperlichen Leistungsfähigkeit, ADL, Rückenschmerzen zu erfassen - Mit beiden Patientengruppen wurde ein vierwöchiges SpoRT durchgeführt - Dieses beinhaltete Reaktions-, Gleichgewichts-,

	Studie 1	Studie 2
		und Koordinationstraining, Stretching auch als kräftigende Gymnastik - 2x pro Woche, insgesamt 9x MTT - 2x pro Woche, 30 min rückengerechtes Schwimmen, Geh/Lauftraining, Wassergymnastik, Ergometrie Training
Ergebnisse und Schlussfolgerung	- 13 von 69 Frauen haben aus privaten Gründen das Training abgebrochen - Verbesserung von Kraft und Knochenstruktur sind durch Krafttraining erreichbar - LWS: keine Veränderungen - OSH: durch konventionelles Krafttraining erfolgte eine Zunahme der Knochenfläche - Zusammenhang zwischen der Zunahme des BMC und Zunahme Knochenfläche des Schenkelhalses - Distale tibia durch VT Vergrößerung der Gesamtknochenfläche und durch KT periostale und endostale Knochenformation - Maximale dynamische Kraft der Kniestrecker verbesserte sich durch KT um +50,1%, VT um 53,7% und WS 21,9% - Kraft der Unterarmbeuger erhöhte sich durch VT um 16,7% - positives Wohlbefinden und Reduktion Rückenschmerzen besonders durch WS	Durch SpoRT kam es zu: - Einer ergometrischen Leistungssteigerung - Verbesserung der Funktionskapazität - Schmerzreduktion - Verbessertes körperliches und seelisches Wohlbefinden

6 Literaturverzeichnis

Ashwell, K. (2015). *Das Anatomiebuch der Fitness*. Librero: AB Kerkdriel

Borg, G. (2004). Anstrengungsempfinden und körperliche Aktivität. *Deutsches Ärzteblatt*, 101 (15), 1016-1021.

Eifler, C. (2018) *Studienbrief Trainingslehre 1* (rev.20.033.000). Saarbrücken: Deutsche Hochschule für Prävention und Gesundheitsmanagement.

Eifler, C. (2018). *Studienbrief Medizinische Grundlagen* (rev.20.031.000). Saarbrücken: Deutsche Hochschule für Prävention und Gesundheitsmanagement.

Eifler, C. (2013). *Empirische Überprüfung der Effekte verschiedener Ansätze zur Intensitätssteuerung im fitnessorientierten Krafttraining*. Dissertation. Universität des Saarlandes, Saarbrücken.

Ehrlenspiel, F., & Maurer, H. (2007). Aufmerksamkeitslenkung beim Sportmotorischen Lernen. *Zeitschrift für Sportmedizin*, 14 (3), 114-122.

Franck, H. & Hohmann, W. (2001). Verbesserung der Funktionskapazität, der Schmerzhaftigkeit und der Leistungsfähigkeit bei Patienten mit Osteoporose durch spezielles Sportrehabilitationstraining. *Deutsche Zeitschrift für Sportmedizin, 52* (2), 63-66.

Kraemer, W. J. & Fry, A. C. (1995). Strength testing: Development and evaluation of methodology. In P. J. Maud & C. Foster (Hrsg.), *Physiological assessment of human fitness* (S. 290-301). Champaign IL: Human Kinetics.

Martin, D. (1982). *Die Planung, Gestaltung, Steuerung des Trainings und das Kinder- und Jugendtraining* (2. Aufl.). Schorndorf: Hofmann.

Siegrist, M., Lammel, C. & Jeschke, D. (2006). Krafttraining an konventionellen bzw. oszillierenden Geräten und Wirbelsäulengymnastik in der Prävention der Osteoporose bei postmenopausalen Frauen. *Deutsche Zeitschrift für Sportmedizin, 57* (7/8), 182-188.

Strack, A. & Eifler, C. (2005). The individual lifting performance method (ILP). A practical method for fitness- and recreational strength training. In J. Gießing, M. Fröhlich & P. Preuss (Hrsg.), *Current results of strength training research* (S.153-163). Göttingen: Cuvillier.

Schnabel, G., Harre, D. & Barde, A. (1997). *Trainingswissenschaft. Leistung - Training - Wettkampf*. Die Studienausgabe: SVB Sportverlag Berlin GmbH.

Peters, W. 2014. *Abitur-Training Sport - Trainingslehre und Sport und Gesundheit*. Stark: Hallbergmoos.

7   Abbildungs- und Tabellenverzeichnis

7.1 Abbildungsverzeichnis

7.2 Tabellenverzeichnis

BEI GRIN MACHT SICH IHR WISSEN BEZAHLT

- Wir veröffentlichen Ihre Hausarbeit,
  Bachelor- und Masterarbeit

- Ihr eigenes eBook und Buch -
  weltweit in allen wichtigen Shops

- Verdienen Sie an jedem Verkauf

Jetzt bei www.GRIN.com hochladen und kostenlos publizieren